SCARLATINE PHARYNGÉE

SES INFECTIONS SECONDAIRES AUX ORGANES VOISINS

PAR

Henri GOHANESCO

Docteur en médecine de la Faculté de Paris
Ancien externe des hôpitaux
Médaille de bronze de l'Assistance publique

PARIS

G. STEINHEIL, ÉDITEUR

2, RUE CASIMIR-DELAVIGNE, 2

1894

SCARLATINE PHARYNGÉE

QUELQUES-UNES DE

SES INFECTIONS SECONDAIRES AUX ORGANES VOISINS

IMPRIMERIE LEMALE ET Cⁱᵉ, HAVRE

SCARLATINE PHARYNGÉE

QUELQUES-UNES DE

SES INFECTIONS SECONDAIRES AUX ORGANES VOISINS

PAR

Henri COHANESCO

Docteur en médecine de la Faculté de Paris
Ancien externe des hôpitaux
Médaille de bronze de l'Assistance publique

PARIS

G. STEINHEIL, ÉDITEUR

2, RUE CASIMIR-DELAVIGNE, 2

1894

[illegible]

SCARLATINE PHARYNGÉE

SES INFECTIONS SECONDAIRES AUX ORGANES VOISINS

AVANT-PROPOS

La région pharyngienne est la porte d'entrée d'un grand nombre d'infections qui, d'abord localisées à l'arrière-gorge, se répandent ensuite dans l'organisme tout entier. L'air que nous respirons, les aliments solides ou liquides qui servent à notre nourriture, sont chargés de germes pathogènes qui se trouvent en contact avec la muqueuse délicate du pharynx.

Pour lutter contre les dangers continuels dont nous sommes menacés et diminuer les chances nombreuses d'infection auxquelles nous sommes exposés, il existe au niveau du pharynx une série d'organes lymphatiques chargés d'arrêter les germes au passage.

L'action de cette sorte de filtre microbien, dont le rôle pourrait être comparé à celui du foie pour les produits toxiques gastro-intestinaux, est insuffisante.

Certains microbes échappent à son action.

D'autres s'arrêtent, sont englobés et détruits par les cellules lymphatiques. D'autres enfin, arrêtés momentanément par les organes lymphatiques, sont transportés dans la circulation générale et, mis en liberté après un temps variable, deviennent le point de départ d'infections secondaires. Ainsi dans le foie, les poisons d'abord arrêtés par la glande hépatique, finissent par tomber dans la circulation générale quand la puissance d'arrêt de la glande s'est trouvée surpassée.

Considéré à ce point de vue, le rôle du pharynx n'est dans aucune affection mis en évidence avec autant de netteté que dans la scarlatine. Son rôle y est même assez considérable pour que des auteurs aient voulu voir dans l'angine scarlatineuse la scarlatine tout entière. L'éruption d'après eux ne serait qu'un épiphénomène, un trouble vaso-moteur s'ajoutant à l'affection primitive.

En présence de cette question toute d'actualité nous avons cru intéressant de réunir dans une étude d'ensemble ce qui a trait à la scarlatine pharyngée afin de montrer toute l'importance du pharynx dans la scarlatine.

Nous rappellerons en quelques mots l'anatomie lymphatique de la région. Nous passerons en revue les différents types de l'angine scarlatineuse en insistant sur leur nature microbienne. Après quelques considérations sur les infections secondaires, nous reproduirons, en y ajoutant quelques réflexions personnelles, les arguments sur lesquels on s'est basé pour assimiler l'éruption scarlatineuse aux éruptions scarlatinoïdes. Enfin, nous terminerons en insistant sur l'importance du traitement local, non seulement au point de vue de l'angine elle-même, mais encore au point de vue de la gravité générale de l'infection.

Avant d'entrer en matière, nous remplissons un devoir agréable en exprimant ici nos sentiments de reconnaissance à nos maîtres dans les hôpitaux.

A la mémoire de notre regretté maître Trélat. A MM. les professeurs Verneuil, Duplay, Jaccoud, Lancereaux, Pinard, pour le savant et original enseignement dont nous nous sommes efforcé de profiter pendant nos années de stage et d'externat.

Nous nous rappellerons toujours avec gratitude l'année passée à l'hôpital Tenon, dans le service de notre cher maître, M. le D' Dreyfus-Brisac. Nous n'oublierons pas son enseignement quotidien au lit du malade, ses leçons du vendredi si profondément cliniques.

A notre cher maître, M. le professeur agrégé Legroux, qui nous a initié dans la clinique infantile pendant notre année d'externat dans son service à l'hôpital Trousseau. Qu'il veuille bien agréer l'expression de notre reconnaissance pour l'intérêt qu'il nous a porté. Nous le remercions vivement de nous avoir suggéré le sujet de ce travail et de nous avoir prodigué ses précieux conseils.

Nous remercions M. Halipré, interne des hôpitaux, de la complaisance avec laquelle il s'est mis à notre disposition en nous prêtant son concours dans les recherches bactériologiques.

Que M. le professeur Potain, qui a daigné nous faire l'insigne honneur d'accepter la présidence de cette thèse, reçoive ici le témoignage de notre profonde et sincère reconnaissance.

CHAPITRE PREMIER

Anatomie lymphatique du pharynx.

Le pharynx présente une richesse remarquable en organes lymphatiques. Ces organes forment dans la région un cercle complet que l'on désigne sous le nom de cercle lymphatique de Waldeyer.

Les éléments principaux qui entrent dans sa composition sont les amygdales proprement dites, l'amygdale linguale et l'amygdale pharyngienne.

Amygdales proprement dites. — Placées dans la fossette amygdalienne entre les piliers du voile du palais, les amygdales reposent en dehors, par l'intermédiaire du muscle amygdalo-glosse, de l'aponévrose du pharynx et du constricteur supérieur, sur l'espace maxillo-pharyngien.

En bas, elles sont séparées de la base de la langue par un intervalle de 5 à 6 millim. Cet intervalle est comblé par des glandes folliculeuses qui forment un trait d'union entre l'amygdale proprement dite et les glandes folliculeuses de la langue (amygdale linguale).

Amygdale linguale. — Elle est constituée par une série de follicules faisant saillie à la base de la langue. Elle forme la partie antérieure et inférieure du cercle de Waldeyer.

Amydgale pharyngienne. — Située entre les orifices des deux trompes d'Eustache, l'amygdale pharyngienne s'étend verticalement sur une hauteur de 2 à 3 centim. Signalée autrefois par Santorini, elle a été étudiée plus récemment par Luschka et Kölliker.

D'après ces auteurs, elle présenterait une disposition plexiforme. Elle se présente, en effet, sous la forme d'une surface mamelonnée avec des sillons longitudinaux coupés par des plis de passage. Sillons et plis sont parsemés d'ouvertures cryptiques donnant à l'ensemble de l'amygdale pharyngienne une ressemblance frappante avec la disposition de l'amygdale palatine.

D'ailleurs, au point de vue histologique, il n'y a pas de différence sensible entre ces deux organes.

Si nous faisons exception pour l'épithélium, qui prend les caractères de l'épithélium de la région et qui appartient au type des épithéliums cylindriques à cils vibratiles, nous retrouvons la structure des amygdales.

Sous l'épithélium est une membrane basale hyaline. Puis vient le derme ou chorion muqueux avec des follicules lymphatiques nombreux et des vaisseaux. Les glandes en grappe très abondantes viennent s'ouvrir à la surface des plis ou au fond des cavités cryptiques. Les vaisseaux y sont nombreux.

Enfin, il faudrait citer en dehors des trois amygdales que nous avons décrites :

L'amygdale de Luschka, amas de tissu lymphoïde implanté sur l'apophyse basilaire.

L'amygdale de Gerlach, située en arrière de l'orifice de la trompe d'Eustache.

Vaisseaux lymphatiques. — Les troncs lymphatiques sont nombreux et forment un riche réseau se résolvant en deux groupes de vaisseaux : un groupe ascendant et un groupe descendant.

Les vaisseaux lymphatiques du groupe supérieur traversent la paroi pharyngienne et aboutissent à un ganglion placé sur la partie supérieure du constricteur supérieur.

Les vaisseaux du groupe inférieur, après s'être dirigés en bas et en avant, traversent la membrane thyro-hyoïdienne et se jettent dans une série de ganglions placés en avant de la bifurcation de la carotide primitive.

CHAPITRE II

Considérations générales sur les angines.

Le rôle du pharynx est tellement important dans la scarlatine, que c'est vers cette région que le clinicien dirige tout d'abord ses investigations quand il soupçonne la maladie. Le malade lui-même serait dans la circonstance un auxiliaire puissant en cas d'oubli, car la sécheresse qu'il éprouve dans la gorge et la douleur qu'il ressent à la déglutition sont telles, qu'il n'oublie jamais d'en parler, et que l'enfant même montre sa gorge spontanément, quand on lui demande où il souffre.

Dans quelques cas, toute l'affection scarlatineuse se résume dans ses manifestations pharyngiennes.

L'angine reste le seul élément de diagnostic et si l'on n'a pas pour se guider dans le diagnostic la notion d'épidémicité, l'on peut croire à une angine vulgaire, à moins que l'une des complications tardives de la scarlatine ne vienne à surgir et ne permette, en l'absence de toute éruption, de reconnaître, a posteriori, la nature scarlatineuse de l'angine. Nous reviendrons en temps et lieu sur ces complications de la scarlatine, et nous verrons comment il faut les interpréter.

Pour procéder avec méthode, nous allons d'abord étudier rapidement les manifestations angineuses de la scarlatine, en commençant par les angines simples pour terminer par les formes graves et par les formes secondaires ou associées, dans lesquelles l'association du bacille diphtérique au streptocoque crée des types cliniques redoutables qui, le plus souvent, enlèvent le malade.

§ 1. — Angine érythémateuse. Angine pultacée.

L'angine érythémateuse est contemporaine de la période d'invasion de la scarlatine. Pendant que se déroule le tableau tapageur qui annonce l'invasion de la fièvre éruptive, l'enfant commence à éprouver des douleurs dans la gorge. Si on examine la région, l'on est frappé de la rougeur que présentent le pharynx, les amygdales, la luette, les piliers du voile du palais. Toute la région est luisante, vernissée, œdématiée. Il semble que l'œil de l'observateur puisse apprécier la sensation de sécheresse dont se plaint le malade. La face interne des joues, les gencives sont également rouges et présentent, elles aussi, le même aspect. La langue, recouverte sur sa face dorsale d'un épais enduit blanchâtre, est rouge sur les bords et au niveau de la pointe. Quelques jours plus tard, la couche blanchâtre de la langue se détachera. La langue apparaîtra rouge, vernissée, ses papilles seront hérissées et son aspect devient alors tellement caractéristique, qu'on lui a donné le nom de la fièvre éruptive : *langue scarlatineuse.*

Du côté de la gorge, la teinte érythémateuse se modifie le plus souvent dans les jours qui suivent. D'une

manière à peu près constante, l'on voit se former à la
la surface des amygdales de petites traînées blanchâtres
constituées en grande partie par des mucosités con-
crétées. Cet exsudat blanc, crémeux, légèrement jaunâtre dans quelques cas, se détache facilement avec le
pinceau et laisse au-dessous de lui la muqueuse rouge
et tuméfiée, parfois même légèrement saignante. La
luette est assez rarement recouverte par l'exsudat dans
les cas ordinaires. Le gonflement des amygdales et de
la luette peut être, dans certains cas, considérable. Les
amygdales font alors saillie dans la région de l'isthme et
peuvent arriver presque au contact. On comprend dès
lors la gêne respiratoire qui en résulte.

Les petits malades respirent la bouche ouverte et le
passage continuel du courant d'air, dans les mouve-
ments d'inspiration et d'expiration, contribue largement
à augmenter cette sensation pénible de sécheresse de la
gorge dont ils se plaignent.

Si l'on recueille à l'aide d'un pinceau ou, ce qui est
préférable, avec une pince munie de coton hydrophile
flambé, une parcelle des exsudats, on constate qu'ils se
désagrègent dans l'eau.

Examinés à un fort grossissement au microscope, on y
reconnaît quelques leucocytes, des cellules épithéliales et
des traînées de mucus ne présentant aucune structure.

A un fort grossissement, après coloration par le violet
de gentiane ou le bleu de méthyle, on constate une quantité innombrable de microbes. Ils forment en certains
endroits une couche presque continue et, pour peu que le
mucus recueilli n'ait pas été étalé avec le plus grand

soin et sous l'épaisseur la plus petite possible, on constate des amas microbiens tellement compacts qu'on a, au
premier abord, quelque peine à reconnaître leur forme.
Pourtant, avec un peu d'habitude, et, en parcourant les
différents points de la préparation, il est un microbe
que l'on arrive toujours à trouver, c'est le streptocoque.
Nous y reviendrons plus loin.

L'angine simple érythémateuse ou pultacée évolue
sans grands accidents. Elle s'atténue rapidement. En
quelques jours les exsudats deviennent moins épais et
tout rentre dans l'ordre.

Toutefois, quelle qu'ait été la bénignité de l'angine,
elle s'accompagne d'un engorgement ganglionnaire
assez marqué. C'est surtout les ganglions placés à
l'angle de la mâchoire qui sont tuméfiés. Ils sont
douloureux à la pression.

Dans quelques cas on peut les voir augmenter rapidement de volume et inspirer au médecin et à la famille
quelques craintes, alors même que l'angine est restée
tout à fait légère.

Nous reproduisons une observation typique d'angine
érythémato-pultacée observée à l'hôpital Trousseau
dans le pavillon d'isolement (service de M. le D\u1d63 Legroux).

OBSERVATION I (personnelle). — *Angine scarlatineuse érythémato-pultacée. Guérison.*

Louis C..., 4 ans. Entré au pavillon le 7 avril 1893, pendant
la visite.

Malade depuis la veille au soir. Il a dîné comme d'habitude,
et c'est pendant la soirée qu'il a été pris de frissons violents.

Quelques heures après, il se plaignait d'un violent mal de gorge.

Amené à l'hôpital Trousseau le 7, dans la matinée.

La gorge est rouge, luisante. Les piliers, les amygdales et le voile du palais présentent une rougeur diffuse. La luette, rouge également, est un peu gonflée. La face dorsale de la langue est complètement blanche. La pointe et les bords sont rouges. A l'examen du corps, on constate, dans les régions inguinales, une légère rougeur.

Température, 40°,3.

Urines. Nuage d'albumine avec acide acétique. Le soir, température 40°,5.

Traitement. — Injections phéniquées à 1/100. Application de stérésol.

8 avril. Éruption typique. Du côté de la gorge, on constate l'existence d'un enduit blanchâtre sur les amygdales.

L'amygdale droite est complètement recouverte par une sorte de pellicule très mince qui s'avance en haut sur le bord postérieur du voile du palais.

L'amygdale gauche présente seulement quelques points blanchâtres isolés les uns des autres.

La luette n'est pas recouverte. Elle est toujours très rouge.

Léger engorgement ganglionnaire portant sur les ganglions sous-maxillaires et rétro-maxillaires. Douleur à la pression. Température 39°,7.

L'exsudat recueilli sur un petit tampon de coton hydrophile monté sur une longue pince hémostatique a été examiné directement, à l'immersion 1/12 Leitz. On a constaté la présence de pneumocoques encapsulés très nombreux. Il y avait des staphylocoques et quelques streptocoques.

Le 9. Angine moins intense.

Langue complètement dépouillée.

Les 10, 11. Amélioration progressive.

Il n'y a plus d'albumine.

Le 12. Angine a disparu complètement.

Desquamation.

Les ganglions persistent, mais sont moins douloureux.

§ 2. — Angines pseudo-membraneuses de la scarlatine.

Plus sérieuses que les angines pultacées, nous trouvons dans la scarlatine des angines à fausses membranes qui se rencontrent également au début de l'affection et évoluent de concert avec l'éruption.

Avant Bretonneau, les auteurs avaient signalé au cours de la scarlatine des épidémies angineuses d'une gravité exceptionnelle. Ils l'appelaient le mal de gorge ulcéreux, le mal de gorge putride. Bretonneau eut l'honneur de marquer le premier les caractères de l'angine diphtérique et de séparer de la diphtérie les manifestations pseudo-membraneuses qui se rencontrent au cours des angines scarlatineuses. Son élève Trousseau devait reprendre cette thèse et mettre à son appui son talent merveilleux de clinicien et d'écrivain. Ses opinions, attaquées par Graves, finirent ensuite par triompher lorsqu'il eut distingué, dans l'angine pseudo-membraneuse, deux formes : la forme précoce non diphtérique et la forme tardive de nature diphtérique. D'ailleurs, il spécifie exactement la nature de cette angine tardive et la considère comme une complication, comme une maladie surajoutée. Comme s'il avait pressenti les découvertes de la bactériologie, il dit à ce sujet dans les Cliniques de l'Hôtel-Dieu : « Il peut se faire que les individus étant placés dans des conditions particulières, au milieu d'un foyer épidémique (cela se

voit surtout dans les hôpitaux d'enfants où la diphtérie
est pour ainsi dire toujours en puissance), il peut se
faire que l'angine scarlatineuse devienne le point d'ap-
pel d'une fluxion diphtérique, absolument comme une
petite excoriation derrière l'oreille, comme une ulcération de la vulve et des plis de la peau, comme toute
autre plaie peut, chez les individus se trouvant dans les
mêmes conditions épidémiques, devenir le point de
départ des manifestations de la diphtérie. »

Et Trousseau (1) ajoute que ces angines tardives sont
d'une gravité spéciale qui dépasse de beaucoup la gravité
des angines les plus sérieuses que l'on observe au début
de la scarlatine.

N'y a-t-il pas dans ces quelques lignes l'ensemble de
tous les faits que la science moderne est venue expliquer?
Les travaux de MM. Roux et Yersin sur la diphtérie,
les travaux de M. Roux sur les associations microbiennes et en particulier sur l'association du streptocoque
et du bacille de Klebs-Loeffler, sont la consécration des
idées émises par Trousseau. On connaît bien maintenant,
dans les hôpitaux d'enfants, ces formes terribles d'angines dans lesquelles le bacille diphtérique est associé au
streptocoque virulent.

Avant d'étudier, au point de vue clinique, les deux
formes d'angines pseudo-membraneuses de la scarlatine,
il est juste de citer encore le nom de quelques auteurs
qui ont contribué à l'édification de ces deux types
d'angines.

____

(1) TROUSSEAU. *Clin. méd. Hôtel-Dieu*, 1877, t. I, p. 165.

Co.   2

Avant Bretonneau, Home et Samuel Bard avaient séparé la diphtérie des nombreuses affections avec lesquelles elle était confondue. Puis viennent Bretonneau (1), Trousseau, Grisollés (2). Sans affirmer qu'il existe deux sortes d'angines pseudo-membraneuses de la scarlatine, ces auteurs donnent à entendre qu'ils ont observé deux ordres de faits différents.

Archambault est plus précis et dit que l'infection scarlatineuse peut donner naissance à une angine pseudo-membraneuse en dehors de l'infection diphtérique.

Ce sont Rilliet et Barthez qui, dans leur traité des maladies des enfants, sont les plus affirmatifs en concluant qu'il faut de toute nécessité faire une distinction entre les deux angines de la scarlatine. Plus tard, les anatomo-pathologistes s'efforcent en vain de trouver un caractère différentiel.

En 1861, Laboulbène (3) montre l'impuissance où l'on se trouve de distinguer les deux affections par les caractères anatomiques. En même temps, l'auteur met en relief les différences cliniques.

« Dans certains cas de scarlatines angineuses surtout épidémiques, les fausses membranes ressemblent extrêmement à celles de la diphtérie ; elles deviennent épaisses, tendues et adhérentes, plus tard rougeâtres, brunâtres ou noirâtres, et prennent l'aspect gangréneux. Y a-t-il alors complication diphtérique ou bien

(1) *Mémoire à l'Académie de médecine*, 1821.
(2) *Pathologie interne*, t. I, p. 132.
(3) LABOULBÈNE. *Traité clinique et anat. des affections pseudo-membraneuses*, p. 126.

est-ce le degré le plus élevé de la scarlatine angineuse? »

Et plus loin :

« Il me reste à parler du diagnostic différentiel de l'angine diphtérique et de l'angine scarlatineuse avec fausses membranes. J'ai décrit les formes diverses de cette dernière affection. Le génie épidémique en modifie beaucoup les aspects. Tantôt il existe un simple enduit blanchâtre, tantôt ce sont des fausses membranes plissées ou épaisses, ou bien une véritable couenne (1). »

Cornil et Babès (2) s'expriment ainsi : « La plupart des auteurs rapportent à la diphtérie les inflammations pseudo-membraneuses qui se développent au pharynx dans la scarlatine. Cependant on n'a pas la preuve de leur absolue similitude. »

D'autres auteurs professent, au nom de la clinique, l'identité des affections pseudo-membraneuses de la scarlatine et de la diphtérie. Parmi eux, Peter (3), Cadet de Gassicourt (4). Trousseau lui-même semble se déjuger à la fin de sa carrière en se ralliant à l'opinion de Cadet de Gassicourt.

En 1887, paraît la thèse d'Odent, faite sous l'inspiration de notre cher maître, M. le professeur agrégé Legroux. Ce travail intéressant a pour point de départ une épidémie d'angine pseudo-membraneuse observée au cours de

(1) LABOULBÈNE. *Traité clinique et anat. des affections pseudo-membraneuses*, p. 257.
(2) *Les Bactéries*, 1885, p. 400.
(3) *Dict. Encyclopédique.*
(4) *Leçons cliniques.*

la scarlatine au collège d'Arcueil. Il s'agissait d'une épidémie développée dans un milieu réunissant les meilleures conditions d'hygiène. On n'avait pas observé la diphtérie depuis longtemps. Il n'y en avait pas dans la localité. Enfin, après cette épidémie de scarlatine avec angines pseudo-membraneuses, on n'observa pas de diphtérie.

Revenons maintenant à l'étude clinique et passons en revue successivement les deux formes d'angines pseudo-membraneuses que nous connaissons bien maintenant.

α) Angine pseudo-membraneuse précoce (non diphtérique).

β) Angine pseudo-membraneuse tardive (diphtérique.

α) Angine pseudo-membraneuse précoce

Elle peut apparaître d'emblée ou, pour parler plus exactement, succéder d'emblée à la phase érythémateuse. Parfois c'est après quelques jours de l'existence d'une angine pultacée en apparence très bénigne que l'on voit l'angine changer de caractère. Dans quelques cas rares, on a vu l'angine pseudo-membraneuse précéder l'apparition de l'éruption.

D'ailleurs, quel que soit le moment où apparaît l'angine, on voit les amygdales se recouvrir de membranes stratifiées, de couennes véritables qui ressemblent à s'y méprendre aux fausses membranes diphtériques. Souvent il y a d'abord des points blancs isolés apparaissant au niveau des cryptes. Ces taches blanches grandissent, se réunissent, se confondent et recouvrent totalement l'amygdale. Les deux amygdales peuvent être prises. La luette elle-même est, dans certains cas, encapuchonnée. Aussi cette intégrité de la luette, sur laquelle on est tenté de se baser pour établir un diagnostic différentiel, venant à manquer, l'analogie est complète au point de vue objectif entre l'angine à fausses membranes non diphtérique et l'angine diphtérique. Faut-il dire que, dans quelques cas, un œil très exercé parvient à saisir de petites différences dans l'aspect des fausses membranes non diphtériques et diphtériques? Les fausses membranes de l'angine non diphtérique sont plus grasses, plus tomenteuses. Mais cette distinction est tellement légère qu'elle défie la description et qu'il faut l'habitude que l'on acquiert dans les hôpitaux spéciaux pour attacher à ce signe quelque valeur. La fausse angine diphtérique de la scarlatine peut s'étendre dans l'arrière-cavité des fosses nasales, mais elle gagne rarement le larynx. Est-il besoin de rappeler l'aphorisme de Trousseau : « La scarlatine n'aime pas le larynx » ? L'opinion de Trousseau est vraie dans la majorité des cas, mais elle n'est pas absolue, et les derniers travaux bactériologiques ont montré l'existence possible de lésions du larynx et du croup au cours d'angines à streptocoques. C'est dire que l'angine précoce de la scarlatine, qui est une angine à streptocoques, peut se compliquer de manifestations laryngées.

Cette extension de la scarlatine au larynx était signalée d'ailleurs par les anciens cliniciens. Bourges(1), dans sa

(1) Bourges. Th. Paris, 1891.

thèse, rapporte les observations dues à Graves, Rilliet et Barthez, Colrat, dans lesquelles des accidents laryngés sont survenus au cours d'une angine membraneuse précoce de la scarlatine.

Nous ferons remarquer cependant à ce sujet, que ces observations n'étant pas accompagnées d'un examen bactériologique, nous pouvons penser à la coexistence de la diphthérie et de la scarlatine, et que nous ne saurions leur attacher une importance réelle si nous n'avions eu la consécration scientifique de ces faits dans les recherches de M. le Dr Roux, et de M. Louis Martin, interne aux Enfants-Assistés. Ces auteurs ont, en effet, constaté l'existence de croups à streptocoques.

Revenons maintenant à l'évolution de l'angine précoce.

Les fausses membranes, quand elles sont enlevées, se reproduisent avec la même rapidité que dans la dipthérie vraie.

L'haleine des malades est fétide. L'état général est mauvais, le pouls rapide, la température élevée. La vue seule des malades dénote un état d'infection profonde.

L'existence d'albumine dans les urines est fréquente dans ces formes.

La rate est grosse.

Les ganglions sont tuméfiés, le cou est gonflé, la peau œdématiée parfois. L'on peut, dans ces cas, retrouver cet aspect particulier décrit sous le nom de cou proconsulaire, aspect que l'on retrouve dans certaines diphtéries toxiques dues selon toute vraisemblance à l'association, que nous avons déjà rappelée, du streptocoque et du bacille de Klebs-Loeffler (1).

Les manifestations ganglionnaires peuvent être assez intenses pour dominer la scène et justifier la dénomination de forme ganglionnaire qu'on a donnée à cette manière d'être de la scarlatine.

Quand on recueille, avec l'aide d'un fil de platine flambé ou sur un fragment de coton, une parcelle de fausse membrane, on constate qu'elle ne se désagrège pas dans l'eau. Quant aux préparations microscopiques, elles montrent la présence constante du streptocoque associé à de nombreux coccus.

Dans ces formes graves de la scarlatine la mort est assez fréquente. Lorsque le malade parvient à résister au mal, souvent apparaîtront des complications sur lesquelles nous reviendrons.

L'observation suivante, recueillie à Trousseau dans le service de M. le Dʳ Legroux, est un type d'angine pseudo membraneuse précoce de la scarlatine.

OBSERVATION II (personnelle). — *Scarlatine. Angine pseudomembraneuse précoce. Évolution classique. Guérison.*

S... Alice, 10 ans. Entrée à Trousseau le 15 avril 1893.
Présente à son entrée une éruption de scarlatine classique. L'enfant est malade depuis deux jours et sa mère raconte qu'on l'a ramenée de l'école l'avant-veille au soir (13 avril), parce qu'elle avait eu des frissons dans la journée et s'était plaint de la gorge. Le lendemain (14 avril), la mère constate l'existence de rougeurs au pli du coude et dans les aines. Elle veut garder

(1) ROUX et YERSIN. *Ann. Institut Pasteur*, 1890.

son enfant chez elle, mais l'enfant étant plus malade le lendemain, elle se décide à l'amener à l'hôpital.

A l'examen de la gorge, on constate la présence d'un léger
enduit blanchâtre recouvrant les deux amygdales, mais respec-
tant la luette qui est rouge et gonflée. L'enduit disparaît en
grande partie à la suite d'un lavage de la gorge. Néanmoins, on
voit persister quelques petites plaques blanchâtres sur l'amygdale droite. Ces plaques sont très adhérentes et résistent quand
on veut les enlever avec le tampon d'ouate hydrophile.

Les ganglions sous-maxiliaires sont engorgés. Température 39°,8.

Albumine dans les urines, 0,50 centigr. par litre, d'après le
dosage à la liqueur d'Esbach.

État général assez bon.

Le soir. Temp. 40°,3.

16 avril. L'enfant paraît plus malade que la veille.

On constate à l'examen de la gorge que l'angine a changé de
nature. L'enduit est beaucoup plus épais que la veille et forme une
fausse membrane véritable entourant les amygdales et consti-
tuant pour chacune d'elles une sorte de coque. Du côté droit, la
fausse membrane est détachée de l'amygdale à la partie supérieure et il est possible, en la pinçant avec une pince à panse-
ment, d'en détacher une grande partie.

Cette fausse membrane ne se désagrège pas dans l'eau.

La luette n'est pas encapuchonnée.

Les ganglions sont toujours gros et douloureux.

L'examen au microscope, après frottis de lamelle et coloration au cristal violet, a donné une grande quantité de streptocoques en chaînettes de 3-4 éléments. Sur gélose peptonisée, on
a obtenu à l'étuve à 37°, après 24 heures, de nombreuses colonies
de streptocoques et du diplocoque Talamon-Frænkel. Les
cultures sur sérum de sang de bœuf, examinées après dix-huit
heures, n'avaient pas donné de colonies de bacille diphtérique.

Le 17. L'état est resté stationnaire, malgré les nombreux
lavages et les applications de stérésol.

Les 18, 19. Amélioration.

Les fausses membranes sont moins épaisses.

Le 22. L'angine est à peu près terminée, il ne reste plus qu'une légère rougeur.

Les ganglions ont diminué.

Les soins antiseptiques sont continués.

L'albumine avait complètement disparu au quinzième jour de la maladie.

L'enfant est sorti guéri après 40 jours de séjour réglementaire à l'hôpital.

β) Angine pseudo-membraneuse tardive de nature diphtérique

C'est, disait Trousseau, quand l'éruption a disparu et que l'on rassure la famille, que l'angine diphthérique tardive apparaît.

« Tout à coup, un engorgement considérable se montre à l'angle des mâchoires; il occupe non seulement cette région, mais s'étend encore au cou et quelquefois à une partie de la face; un liquide sanieux, fétide, très abondant, s'écoule des fosses nasales ; les amygdales sont très volumineuses, l'haleine exhale une odeur insupportable, le pouls reprend subitement une grande fréquence, il est petit; le délire reparaît, d'autres accidents nerveux se produisent. Puis, le délire persistant, le coma survient; en même temps la peau se refroidit, le pouls devient de plus en plus misérable et le malade succombe, après trois ou quatre jours, dans une lente agonie, ou il meurt subitement enlevé comme par une syncope.....

« Les malades succombent, en réalité, avec tous les symptômes de l'empoisonnement diphtérique : refroidissement général, petitesse du pouls, fétidité de l'haleine qui s'exhale par la bouche et par le nez, pâleur universelle de la peau, tous symptômes qui ne s'observent dans aucune autre espèce d'affection grave. »

Le croup peut compliquer cette angine, mais le plus souvent le malade est enlevé en quelques jours.

L'association du streptocoque et du bacille diphthérique, sur laquelle nous avons déjà insisté, fait la gravité de cette angine tardive.

La scarlatine a préparé le terrain. Les amygdales, la luette, sur lesquelles le streptocoque s'est cultivé, ont conservé une réceptivité particulière. Il existe encore dans les cryptes amygdaliennes du streptocoque virulent. Le bacille diphthérique, transporté dans un milieu tout préparé pour le recevoir, rencontrant en outre le microbe qui est le mieux capable d'exalter sa virulence, crée des formes cliniques terribles.

Il nous resterait à parler de l'*angine gangréneuse* de la scarlatine.

Rare actuellement, elle a été relatée dans un certain nombre d'épidémies anciennes.

Nous n'en avons point vu pendant notre séjour à Trousseau, et Bourges (1), dans sa thèse, fait la même remarque.

Elle se caractérise, indépendamment de l'intensité des phénomènes généraux, par une sécrétion bucco-nasale abondante et fétide, et par le sphacèle véritable de la muqueuse du pharynx. Son issue est fatale.

(1) Bourges. *Les angines de la scarlatine.*, Th. Paris, 1891.

Nous nous sommes efforcé de montrer, au début de cette étude, que l'angine constituait un élément capital dans la scarlatine. Tantôt bénigne, tantôt grave, elle ne présente pas, d'une manière absolue, une gravité en rapport avec l'intensité de l'éruption. Parfois, elle reste la manifestation unique de la scarlatine et constitue à elle seule toute la maladie. Dans quelques cas où elle a paru manquer, certains auteurs prétendent qu'elle s'était cantonnée dans la partie postérieure des fosses nasales, et que, dans ces cas exceptionnels, l'amygdale pharyngée et la muqueuse nasale étaient prises.

Enfin, nous avons montré que le streptocoque était l'hôte habituel de la gorge des scarlatineux et que, dans beaucoup de cas, il faisait tout le mal.

CHAPITRE II

Diagnostic.

Le diagnostic de la scarlatine pharyngée ne nous arrêtera pas longtemps. La tâche nous est singulièrement facilitée par l'étude précédente.

Nous nous efforcerons seulement de retracer les symptômes principaux qui permettent d'affirmer la nature scarlatineuse d'une angine aux différentes périodes de son évolution et dans les formes variées que l'on peut rencontrer en clinique.

I. — Diagnostic de l'angine érythémato-pultacée.

L'angine de la scarlatine, nous l'avons vu, précède de quelques heures ou accompagne l'apparition de l'exanthème. Dans les cas où elle coïncide avec ce dernier, le diagnostic ne saurait être hésitant. Mais il est des cas où il n'en est pas ainsi, et le diagnostic doit être discuté avec le plus grand soin pour éviter les causes d'erreur.

L'un des éléments qui figurent en première ligne dans le diagnostic de l'angine scarlatineuse, c'est l'apparition de cette rougeur intense occupant non seulement l'arrière-gorge mais encore la face interne des joues, et s'accompagnant d'une rougeur non moins vivc des bords et de la pointe de la langue. Tout cela se produit rapidement et succède à un accès de fièvre intense.

Plus tard la langue, nous l'avons vu, se dépouille et prend un aspect hérissé qui est très caractéristique et pourrait dans quelques cas être un bon signe en l'absence d'éruption cutanée.

Plusieurs angines peuvent être confondues au début avec l'angine scarlatineuse.

L'angine catarrhale aiguë se présente avec le même appareil fébrile, la même rougeur de la gorge. Quelquefois on voit apparaître de petites vésicules et le diagnostic d'*angine herpétique* s'impose et vient dissiper les craintes. Mais, dans certains cas, en l'absence de la notion d'épidémicité, il n'y a que l'évolution ultérieure qui puisse permettre de préciser le diagnostic.

L'angine diphtérique ne ressemble guère à l'angine scarlatineuse simple. Elle débute moins brusquement. De plus, les exsudats pultacés de l'angine scarlatineuse se détachent facilement et se désagrégent dans l'eau, ce qui n'a pas lieu pour les fausses membranes diphtériques. L'examen bactériologique doit venir compléter le diagnostic.

La syphilis peut donner une rougeur livide de la gorge et du voile du palais. Mais là encore nous ne rencontrons point la fièvre qui marque l'invasion de la scarlatine.

L'examen du sujet et l'existence récente de la syphilis suffiraient à faire penser à cette affection.

Nous devons signaler les *phlegmons*, les *abcès de l'amygdale*. Dans ces cas, il y a une déformation spéciale, un gonflement, une fluctuation caractéristiques. Les phénomènes sont unilatéraux, du moins au début.

L'*angine de la rougeole* est constituée par un pointillé rouge, habituellement sans gonflement ni enduit pultacé, développé sur les piliers, le voile du palais, la luette. Si l'on a déjà, par l'examen seul de la gorge, des raisons pour écarter le diagnostic d'angine scarlatineuse, le doute n'est plus permis lorsque l'examen nous a révélé l'existence du catarrhe oculo-nasal, qui est si particulier à la rougeole.

II. — Diagnostic de l'angine blanche précoce.

Nous avons suffisamment insisté sur ses caractères pour qu'il soit inutile d'y revenir.

Rappelons que le diagnostic est surtout à faire avec l'angine diphtérique et avec l'angine folliculaire ou amygdalite cryptique.

Dans une clinique faite à l'hôpital des Enfants-Malades, M. le professeur agrégé Marfan (1) s'exprimait ainsi :

« Les angines blanches affectent deux types bien dis-
« tincts : 1° L'angine folliculaire à points blancs, dont
« l'exsudat intra-cryptique s'écrase et se désagrège faci-
« lement. 2° L'angine pseudo-membraneuse avec ses
« couennes blanches étalées, résistantes, qui ne se lais-
« sent pas dissocier et qui ont une tendance à envahir
« tout le pharynx. »

(1) Marfan. Clinique médicale, hôpital des Enfants-Malades. *Bulletin méd.*, 1894, p. 479.

C'est dans le deuxième groupe qu'il faudrait placer l'angine blanche précoce de la scarlatine.

L'angine blanche de la scarlatine ne saurait être confondue avec l'angine folliculaire. Jamais les exsudats de l'angine folliculaire ne sont assimilables aux fausses membranes, et c'est avec l'angine diphtérique véritable qu'il importe de faire le diagnostic. Comme nous l'avons vu, la différenciation de ces deux formes a fait l'objet de nombreuses discussions.

Les cliniciens ont les premiers montré que, malgré les apparences, il fallait séparer ces angines blanches de la scarlatine des manifestations diphtériques. Plus tard, la bactériologie a confirmé la distinction. C'est à elle qu'il faut encore s'adresser aujourd'hui pour posséder la clef du diagnostic.

III. — Diagnostic de l'angine tardive de la scarlatine (Angine pseudo-membraneuse vraie ou angine diphtérique).

Ici, la discussion n'a guère de raison d'être. Les travaux bactériologiques ont confirmé les prévisions des cliniciens. L'angine pseudo-membraneuse tardive de la scarlatine est une angine diphtérique présentant comme caractère particulier d'être due à l'association du streptocoque et du bacille diphtérique. Elle présente les caractères cliniques et l'évolution d'une angine diphtérique très grave.

Nous ne pouvons fermer ce chapitre sans faire mention d'un travail paru en 1892 dans les *Archives de médecine expérimentale*.

L'auteur (1), après quelques considérations sur les caractères spéciaux que présenta un streptocoque recueilli dans une angine pseudo-membraneuse, pense qu'au point de vue de la pathologie générale, il y a lieu de distinguer ce diplostreptocoque du streptocoque ordinaire. L'association du diplostreptocoque et du bacille diphtérique ne donnerait pas les formes graves que l'on voit évoluer dans quelques cas. Cette découverte complique encore, de l'aveu de l'auteur, le diagnostic bactériologique des angines à fausses membranes.

Nous allons maintenant, après quelques considérations sur les infections secondaires qui montreront encore plus nettement l'importance du rôle du pharynx dans la scarlatine, nous allons, disons-nous, exposer les raisons qui ont fait penser à certains auteurs, que la scarlatine n'était autre chose qu'une infection à streptocoque, ayant pour point de départ le pharynx, et s'accompagnant d'un érythème analogue à tous les érythèmes infectieux.

(1) H. BARBIER. *Arch. de méd. expérimentale*, 1892, p. 828.

CHAPITRE IV

Quelques mots sur les infections secondaires.

Parmi les infections secondaires qui apparaissent au cours de la scarlatine, les unes se font à distance et sont dues vraisemblablement à des embolies microbiennes streptococciques ; les autres se font dans le voisinage de la cavité pharyngée et ne sont peut-être dues qu'à une extension de la lésion locale.

Nous donnerons seulement une énumération des premières, en nous réservant d'insister sur les autres, qui ont fait en Allemagne, en particulier, l'objet d'études sérieuses.

A. — Infections à distance.

Une des plus fréquentes est la néphrite scarlatineuse. Après elle viennent les manifestations séreuses, pleurésie, péricardite et rhumatisme.

La localisation de la scarlatine sur les articulations peut revêtir plusieurs formes.

Parfois, il s'agit d'une arthrite purulente due au streptocoque, parfois aussi l'on voit éclater un véritable rhumatisme articulaire, pouvant revêtir un caractère de gravité très variable. L'année dernière, MM. Richardière

et Perron ont insisté sur la forme osseuse que peut
revêtir le rhumatisme scarlatineux (1).

B. — **Infection par propagation.**

Il est d'autant plus intéressant de s'arrêter à des
infections par propagation que ce sont elles qui, d'après
les statistiques, constitueraient la majeure partie des
affections chroniques que l'on rencontre dans l'appareil
auditif.

APPAREIL AUDITIF. — Moos (2), dans sa clinique des
maladies des oreilles, considère la scarlatine comme le
facteur étiologique principal des maladies des oreilles.

Elle est beaucoup plus importante que la rougeole et
la variole.

Bezold (Gesamtbericht über die in 1881-83 inclusive
behandelten Krankheiten), en comparant les maladies
d'oreille survenues dans la scarlatine, la rougeole et la
diphtérie, trouve que les deux dernières maladies infec-
tieuses causent ensemble à peine le quart des maladies
de l'appareil auditif qui surviennent dans la scarlatine.
Il ajoute que les affections de l'oreille d'origine scarlatineuse sont durables et produisent de grands dégâts.

Enfin, l'on nous excusera de donner in extenso le
résumé instructif que publie à ce propos Blau (3).

---

(1) La forme osseuse du rhumatisme scarlatin. Communic. à la *Soc.
méd. des hôp.*, 1893.

(2) Moos. « *Klinik der Ohrenkrankheiten.* »

(3) BLAU. *Erkrankungen* des Gehörorganes nach Masern. *Arch. f.
Ohrenheilk,* Bd XXVII.

I. — *Fréquence des affections d'oreille :*
    Dans la rougeole........ 3,06 p. 100
    — la scarlatine....... 5,17 —

II. — *Fréquence des inflammations purulentes de l'oreille moyenne :*
    Après rougeole.......... 5,2 p. 100
    — scarlatine......... 14,2 —

III. — *Fréquence de la dureté de l'ouïe par cause nerveuse :*
    Après rougeole.......... 2,05 p. 100
    — scarlatine........ 6,2 —

IV. — *Fréquence de la surdi-mutité acquise :*
    Après rougeole.......... 4 p. 100
    — scarlatine......... 16,9 —

On le voit, la scarlatine tient le premier rang dans cette statistique.

Les lésions de l'oreille sont parfois très sérieuses, et l'otite suppurée, même lorsque la paracentèse du tympan a été pratiquée de bonne heure, peut amener de graves désordres. Parfois la perforation du tympan se fait spontanément. Il n'est pas rare de voir l'expulsion d'une partie ou de la totalité des osselets.

Le cas rapporté par le Dr Shaw (1) est intéressant à ce sujet. Un garçon de 7 ans présente, à la suite d'une scarlatine, une otite moyenne du côté gauche. Elle se termine par l'expulsion d'un séquestre comprenant la plus grande partie du rocher. Il n'y eut pas de propagation au cerveau. L'enfant guérit.

(1) SHAW. *Transaction of the pathological Society of London.* Bd VII.

Roosa et Emerson citent un cas de nécrosé et d'expulsion du rocher après une scarlatine (1).

Wolff (Francfort) trouva, sur 6,500 maladies de l'oreille, 28 fois l'expulsion des osselets. Dans 18 cas sur 28, l'affection de l'oreille avait succédé à la scarlatine.

Souvent l'affection est moins grave et l'otite évolue plus simplement. Il n'en est pas moins vrai qu'elle constitue une complication très sérieuse autant par les phénomènes douloureux qu'elle provoque, que par les phénomènes cérébraux d'ordre réflexe dont elle s'accompagne presque toujours.

L'affection de l'oreille se propage souvent à la région mastoïdienne. Elle donne alors lieu soit à une périostite de l'apophyse mastoïde, soit à une suppuration des cellules mastoïdiennes.

Lésions diverses. — On a signalé l'ulcération de la carotide et une hémorrhagie mortelle (2).

On a également observé des cas d'accès épileptiformes à la suite d'otite post-scarlatineuse. Telles sont les observations de Jackson (3), de Koppe et Schwartze (4).

Méninges. — Plus fréquente est l'extension de la lésion de l'oreille aux méninges.

La méningite d'emblée sans lésion de l'oreille moyenne est rare dans la scarlatine. Nous laissons de côté, bien entendu, les symptômes méningitiques qui peuvent apparaître au cours d'une scarlatine grave, mais n'impliquant

(1) *Arch. f. Ohrenheilk*, Bd. XXIII.
(2) Hessler. *Arch. f. Ohrenheilkunde*, Bd. XVIII.
(3) Jackson. *British med. Journal*, 1869.
(4) Koppe et Schwartze. *Arch. f. Ohrenheilkunde*, Bd. V.

pas l'existence d'une localisation microbienne sur les méninges. Toutefois, nous lisons une communication de M. Bendel faite à une société savante d'Autriche-Hongrie (1).

L'auteur rapporte cinq cas de méningite vraie scarlatineuse. Voici l'un d'eux :

Enfant de 4 ans, vivant dans une maison où s'étaient montrés quelques cas de scarlatine, tombe malade le 30 novembre. Frissons, fièvre, vomissements. Le 1er décembre, le pouls est petit et à 130; temp., 39°,6, pas d'exanthème ni d'angine. Le 2 décembre, temp., 39°,6 ; pouls petit, irrégulier, abattement, réaction paresseuse des pupilles, raideur de la nuque, cri hydrocéphalique, hyperesthésie de la peau.

Le 3 décembre. Même état : exanthème et angine de la scarlatine.

Le 4. Même état et, de plus, paralysie faciale.

Le soir. Convulsions cloniques et mort.

L'observation était intéressante à relever. Malheureusement l'absence d'autopsie, dans ce cas et dans les autres, semble commander les plus grandes réserves.

Lésions oculo-nasales. — Beaucoup plus rares sont les propagations amenant des complications du côté des fosses nasales. On les rencontre néanmoins quelquefois et l'observation dont M. Perron, interne des hôpitaux, a bien voulu nous communiquer le résumé, en est un exemple des plus intéressants.

(1) *Bulletin médical* du 24 juin 1894.

Observation III (due à l'obligeance de M. Perron, interne des hôpitaux). — *Angine blanche pseudo-membraneuse à streptocoque chez une enfant dont le frère est soigné au pavillon des scarlatineux. Absence d'éruption. Extension des lésions aux fosses nasales. Conjonctivite pseudo-membraneuse du côté gauche. Ulcération de la cornée. Hernie du corps vitré. Guérison, mais perte de la vue du côté gauche. Streptocoque retrouvé dans l'angine, les fosses nasales, les conjonctives.*

Une enfant de quatre ans ayant un frère soigné au pavillon des scarlatineux de Trousseau pour une éruption caractéristique remontant à huit jours, est amenée à la consultation avec une angine. Elle est reçue dans le service de M. Sevestre.

L'état fébrile est très marqué et l'angine présente les caractères d'une angine pseudo-membraneuse. La présence du frère au pavillon des scarlatineux fait seule réserver le diagnostic de diphtérie. En attendant le résultat de l'examen bactériologique, l'enfant est isolée dans une chambre du pavillon spécial d'isolement dans lequel on met à Trousseau les cas dont le diagnostic n'est pas confirmé.

La culture sur sérum ne donne aucune colonie diphtérique. Les streptocoques sont au contraire en grande quantité.

En présence de ce résultat et malgré l'absence d'éruption, on se croit autorisé à passer l'enfant au pavillon des scarlatineux avec le diagnostic d'angine blanche précoce de la scarlatine.

L'enfant n'eut jamais la plus petite trace d'éruption.

Deux jours après son entrée, se déclare un coryza, surtout marqué à gauche. L'écoulement séro-purulent est abondant. Les lavages antiseptiques restent sans action. Quelques jours après apparaît du larmoiement de l'œil gauche, puis une tumeur se forme dans la région du sac lacrymal. La tumeur augmente rapidement, la peau devient rouge, tendue, douloureuse, et M. Perron fait l'incision du sac. (Dacryocystite purulente.) Quelques gouttes de pus, renfermant des streptocoques en abondance, s'écoulent.

Dans les jours qui suivent, la conjonctive devient rouge et injectée et, dix jours après l'entrée de l'enfant, il existe une conjonctivite pseudo-membraneuse.

L'examen bactériologique révèle toujours la présence des streptocoques en grande abondance.

Malgré l'énergie du traitement, les fausses membranes se reproduisent pendant une dizaine de jours. La cornée s'ulcéra et il y eut une petite hernie du corps vitré.

Enfin tous les phénomènes se calmèrent et l'enfant sortit de l'hôpital. La fonction visuelle était absolument perdue du côté gauche.

Le fait que l'enfant n'avait pas eu la scarlatine autrefois et qu'elle n'a pas présenté d'éruption au cours de son séjour dans le pavillon des scarlatineux, nous autorise à penser qu'il s'est agi d'une forme fruste de scarlatine à angine grave.

La gravité exceptionnelle des complications nous montre une fois de plus que le pronostic de la scarlatine doit toujours être réservé et que, dans tous les cas, on ne saurait tirer un élément d'appréciation de l'intensité plus ou moins grande de l'éruption.

M. Perron a exprimé le regret qu'il éprouvait de n'avoir pu inoculer au cobaye ou au lapin le streptocoque retiré des fausses membranes.

LÉSIONS BUCCALES, LINGUALES ET LABIALES. — La propagation à la langue, à la face interne des joues et aux lèvres est une complication très rare. Nous allons cependant en dire quelques mots pour compléter l'étude des infections secondaires de l'angine scarlatineuse aux organes voisins.

Louis Guinon, dans le *Nouveau Traité de médecine*, et

Bourges (1), dans sa thèse, parlent en passant, et sans y attacher beaucoup d'importance, des membranes recouvrant la langue, les lèvres.

M. Gestat (2) a eu l'occasion d'observer, dans le service de M. Sevestre, à l'hôpital Trousseau, deux faits de stomatite pseudo-membraneuse très intenses et très graves, au déclin d'une scarlatine.

Dans ces deux cas, l'angine pseudo-membraneuse passait au second plan, en présence des phénomènes intenses qu'on observait dans la cavité buccale. Cette complication rare s'accompagne de phénomènes généraux et locaux graves, identiques à ceux qu'on peut observer dans la forme angineuse pure et qui est due au même agent pathogène, au *streptocoque de l'éry-sipèle*.

Nous reproduisons, en la résumant, la première et la plus importante de ces deux observations.

(1) BOURGES. *Les angines de la scarlatine* (obs. XXXVI, XL, XLI, XLIII, XLIX, LIII). Th. Paris, 1891.

(2) E. GESTAT. *Considérations sur une forme de stomatite pseudo-membraneuse survenant dans le cours de la scarlatine.* Th. Paris, 1893.

OBSERVATION IV (tirée de la thèse de GESTAT) (1). — *Scarlatine intense, otite moyenne aiguë bilatérale au troisième jour de la maladie. Angine pseudo-membraneuse précoce, légère rémission des accidents. Au douzième jour, éruption infectieuse. Stomatite pseudo-menbraneuse très intense. Phénomènes généraux très graves. Amélioration en 36 heures des accidents locaux et généraux à la suite des bains froids. Convalescence courte.*

Philippe van M..., 8 ans, entré le 19 mars 1893 au pavillon Davenne (scarlatine), service de M. le Dr Sevestre.

Aucun renseignement intéressant à noter sur ses antécédents héréditaires et personnels.

Début brusque, il y a deux jours, par des vomissements qui ont été suivis de douleurs vives dans la gorge et dans les oreilles. Il est devenu « tout rouge » 24 heures après.

État actuel. — Le 20 mars, éruption de scarlatine intense, d'un rouge vineux. Otite moyenne bilatérale suppurée. La langue commence à se dépouiller.

La gorge, rouge foncé, saigne très facilement. De larges fausses membranes couvrent les piliers antérieurs du voile du palais, la luette sur ses bords et à sa pointe, les deux amygdales et les deux piliers postérieurs. Quelques plaques blanches sur le fond du pharynx. Lavages boriqués des oreilles et grandes irrigations buccales. Ensemencement sur un tube de sérum Wiesnegg.

Le 21. La culture sur sérum, maintenue à 37°, n'a pas poussé.

Le 22. L'éruption pâlit. Température reste élevée. Abattement. Oreilles coulent toujours. Grosses masses ganglionnaires à l'angle de la mâchoire.

État de la bouche et de la gorge. — Langue vernissée, les

(1) E. GESTAT. *Considérations sur une forme de stomatite pseudo-membraneuse survenant dans le cours de la scarlatine.* Th. de Paris, 1893.

lèvres présentent quelques fissures superficielles. Gorge rouge, saigne facilement. Fausses membranes sont devenues pulpeuses, grisâtres.

Desquamation en larges plaquettes. Pouls rapide (120 puls.), étalé, mou. Rien dans la poitrine. Urines rares (600 gr.), foncées, contiennent un nuage léger d'albumine.

Le 24. État général reste mauvais, faciès typhique.

Le 25. Amélioration légère. Fausses membranes jaunes, déliquescentes.

Le 27. Température 37°,6. Gorge se nettoie, oreilles ne coulent plus.

Le 30. Température remonte. Éruptions de papules très fines.

Gorge. — Les fausses membranes se sont reformées. De plus, on constate un semis de fausses membranes arrondies sur toute la muqueuse linguale, face supérieure, inférieure, pointe et bords. Ces fausses membranes, d'un blanc mat, sont adhérentes; la muqueuse saigne quand on veut les enlever.

A la face interne des lèvres apparaissent également quelques petites fausses membranes. L'état général redevient inquiétant; somnolence et prostration. Ganglions augmentent.

L'enfant est transporté au « pavillon des douteux ». Nouvel ensemencement des fausses membranes sur sérum.

Le 31. Les cultures sur sérum, après vingt-quatre heures, à 37°, n'ont pas donné de colonies de bacilles de Lœffler. Bords libres des lèvres sont également pris. De plus, sur la face cutanée de la lèvre supérieure s'est formée une fausse membrane. Haleine fétide.

Fausses membranes deviennent confluentes, jaune grisâtre. La face interne des joues est envahie. Pâleur, abattement.

Urines contiennent de l'albumine.

1er avril. Fausses membranes des lèvres deviennent gangréneuses, noirâtres. Haleine fétide, trismus, délire. Rien au cœur. Quelques râles sous-crépitants aux deux bases.

Examens du sang. — Du sang est étalé sur plusieurs

lamelles, fixé au mélange d'alcool et d'éther par parties égales et coloré au violet de gentiane. Pas de microbes et en particulier pas de streptocoques. Comme traitement, potion de Todd avec 60 grammes de rhum et deux grammes d'extrait de quinquina ; 4 bains froids à 20° et 0,40 centigr. de caféine en injections sous-cutanées.

Le 2. Trois bains. État général de plus en plus inquiétant. Délire intense, l'enfant cherche à descendre du lit, on est obligé de l'attacher. Même état de la cavité buccale. L'éruption papuleuse pâlit et s'efface. Même traitement.

Le 3. *A la visite du matin*, amélioration évidente, l'enfant ne délire plus, il a l'air moins abattu et moins prostré. Les fausses membranes sont moins confluentes, elles tendent à rétrocéder et laissent à leur place de petites ulcérations superficielles. Il en est de même à la face interne des lèvres. Haleine moins fétide. Même traitement.

Le soir, température 39°. Éruption papuleuse s'efface. Plus de délire.

Le 4. L'amélioration de l'état général et de l'état local fait des progrès rapides. La température est à 38° ce matin. Les fausses membranes disparaissent avec une rapidité extraordinaire. La grande plaque noirâtre qui recouvrait la surface cutanée de la lèvre supérieure commence à tomber en déliquescence. La langue se nettoie, il ne reste plus qu'un semis de petites ulcérations du volume d'une tête d'épingle à celui d'une lentille, qui persistent surtout sur les bords et sur la face inférieure. Trismus beaucoup moins marqué. Les piliers et les amygdales paraissent creusés d'ulcérations, dont le fond serait couvert d'un détritus grisâtre d'aspect pultacé et non pseudo-membraneux. Le fond du pharynx est rouge, mais il ne présente plus de fausses membranes.

Le 5. Les lèvres diminuent de volume, elles ne saignent plus, les fausses membranes disparaissent. La langue est presque nette. Même aspect de la gorge qu'hier. Les urines ne contiennent plus d'albumine.

Le 7. La convalescence commence. Sur les lèvres, plus de trace de fausses membranes. La langue est complètement nette. Dans les cryptes amygdaliennes, il reste seulement quelques détritus grisâtres. L'engorgement ganglionnaire sousmaxillaire diminue. Les urines se sont élevées à 1,200 c.c.

Replacé au pavillon de la scarlatine, l'enfant a repris vite sa gaieté. Sa desquamation terminée, il a été rendu à ses parents le 7 mai.

Examen bactériologique. — 1ᵉʳ avril. Les tubes d'agar ont été ensemencés avec la spatule de platine. Il a été fait trois ensemencements successifs avec fausses membranes des lèvres, fausses membranes de la langue, fausses membranes de la gorge. Chacune de ces fausses membranes a été semée sur deux tubes de sérum (sérum I et II) et sur deux tubes d'agar (agar I et II). Les tubes n° II ont été ensemencés sans reprendre de la semence. Toutes les cultures ont été mises à l'étuve à 35°-36° pendant 24 heures.

Lèvres. — Pas de culture appréciable sur les deux tubes de sérum.

Agar I. — Des colonies très abondantes apparaissent. Les plus nombreuses ont le volume d'une tête d'épingle, sèches, blanches. Elles sont formées de *streptocoques* à l'état de pureté. Les chaînettes sont courtes. D'autres colonies beaucoup moins nombreuses, mais plus volumineuses, étalées, d'apparence humide, sont la plupart d'un blanc mat, quelques-unes sont jaune orangé. Ces deux variétés présentent à l'examen des *microcoques* en amas (staphylocoques blancs et jaunes).

Agar II. — Les colonies ont également poussé. Elles sont formées, à l'état de pureté presque absolue, de *streptocoques*. Il y a seulement deux colonies de *staphylocoques blancs*.

Langue. — Les deux tubes de sérum n'ont pas poussé.

Agar I. — Même aspect que pour les lèvres, même résultat à l'examen par lamelles ; cependant les colonies de *staphylocoque doré* sont beaucoup plus nombreuses que celles du *staphylocoque blanc*.

Agar II. — Nombreuses colonies de *streptocoques* mêlées à quelques colonies de staphylocoques dorés.

Gorge. — Les deux tubes de sérum n'ont pas poussé.

Agar I. — Les colonies de *streptocoques* sont ici de beaucoup prédominantes, il n'y a plus que quelques colonies assez espacées de staphylocoques blancs et jaunes.

Agar II. — Colonies de *streptocoques* à l'état de pureté, *une seule* colonie de staphylocoques blancs.

Sur une des colonies vérifiées sur agar II, on prélève une semence qui est portée dans un bouillon. Le bouillon, après vingt-quatre heures à l'étuve à 35°, présente à sa partie inférieure des flocons épais et on trouve à l'examen une *culture pure de streptocoques* en longues chaînettes. Le 2 avril, 1 c.c. de ce bouillon est injecté sous la peau de l'abdomen d'un cobaye de 450 grammes. L'animal n'a présenté aucune réaction.

Avant cette inoculation, ce bouillon a servi à ensemencer des tubes de gélatine qui ont donné des cultures caractéristiques de *streptocoques*.

Système lymphatique. — L'engorgement ganglionnaire est presque la règle dans l'angine scarlatineuse. Il est rare d'observer la suppuration. Sur soixante scarlatineux que nous avons observés pendant deux mois au pavillon d'isolement de Trousseau nous avons trois fois seulement vu se produire un adéno-phlegmon nécessitant une intervention chirurgicale. Dans les trois cas le streptocoque existait dans le pus.

On a interprété de différentes manières le mécanisme des lésions de l'oreille moyenne dans la scarlatine.

Pour mémoire, nous traduisons quelques lignes des *Archives des maladies de l'oreille* publiées en Allemagne.

« L'unité du système vasculaire de la cavité du tympan et de la cavité naso-pharyngienne, en même temps que la relation intime qui existe entre le muscle tenseur du voile et le muscle tenseur du tympan, expliquent la fréquence de l'extension des affections pharyngées à l'appareil auditif par l'intermédiaire de la trompe.

« Les troubles de l'ouïe seraient dus à un changement dans la pression atmosphérique de l'oreille moyenne. La contraction du muscle tenseur du voile du palais est augmentée. L'hyperhémie des vaisseaux qui entourent le muscle tenseur du tympan augmente la contraction de ce muscle et produit une forte propulsion en dedans de la membrane du tympan et, par conséquent, une plus forte pression de l'étrier sur la fenêtre ovale. Il en résulte une augmentation de pression dans le labyrinthe qui occasionne des troubles de l'ouïe très notables. »

Le professeur Kirchner dit que l'application prolongée de la membrane du tympan vers la paroi interne de la caisse et l'état inflammatoire dont elle est le siège, sont capables de produire des adhérences amenant fréquemment une dureté très accusée de l'ouïe et même la surdité complète.

Enfin, nous lisons dans Koren (1) que « l'inflammation peut se propager à l'oreille moyenne, soit par l'intermédiaire du courant d'air, soit par le courant sanguin. Les microbes trouvent, sur cette muqueuse modifiée par l'état d'hyperhémie, un terrain d'autant plus favorable à leur développement que l'oreille moyenne est une excellente étuve pour micro-organismes (chaleur, humidité, air). »

Cette explication est admise par Kirchner, Urbans-

(1) KOREN. *Norsk Magazin for Laegevidensk*, III, B. 12 H.

chitsch, Schwartze, alors que Burckardt, Vogel, Frank, admettent de préférence la propagation par continuité.

Pour notre part, nous pensons que les deux explications renferment une part de vérité. Nous croyons cependant que l'inflammation se propage surtout par continuité, et que l'abondance des réseaux lymphatiques de la région doit, pour une large part, contribuer à l'extension des lésions.

CHAPITRE V

Considérations sur les arguments qui ont été invoqués en faveur de l'identification de la scarlatine et des érythèmes infectieux secondaires scarlatiniformes.

A. — Quelques mots d'historique.

Résumant la pensée d'un certain nombre de cliniciens, M. Dowson (1) disait, il y a un an, à la Société de pathologie de Londres : « La scarlatine est une affection primitivement locale. Elle n'est générale que secondairement. La lésion primitive est une amygdalite. Quand elle paraît manquer, c'est que l'amygdale pharyngée ou la la muqueuse nasale sont prises. »

Ce début pharyngien dans la scarlatine devait conduire les bactériologistes à rechercher dans cette région l'agent spécifique de la maladie. Des recherches amenèrent la découverte du streptococcus conglomeratus de Kurth. Mais l'expérimentation resta négative et ne permit point de reproduire par injection aux animaux une affection comparable à la scarlatine.

Les recherches dans les squames épidermiques furent également sans résultat et ne firent découvrir que les hôtes habituels de la peau.

La question en était donc restée là, quand elle fut

(1) Dowson. *Pathological Society London*, 1893.

reprise dans ces derniers temps par des cliniciens qui entreprirent de réunir et de mettre en lumière un certain nombre d'arguments, tendant à prouver que le microbe de la scarlatine n'était autre que le streptocoque agissant sur un terrain présentant une réceptivité spéciale.

En 1891, le professeur Jaccoud, dans une leçon clinique (1) recueillie par M. Achalme, interne du service, dont on connaît l'intéressante thèse sur l'histoire naturelle du streptocoque, M. Jaccoud, disons-nous, publiait un cas d'érysipèle au cours d'une scarlatine. Il concluait :

« Cette observation est un exemple typique de la
« parenté bactériologique qui unit la scarlatine à l'éry-
« sipèle. Bien que nous n'en soyons pas autorisés à
« conclure que le micro-organisme, encore peu connu,
« de la scarlatine soit un streptocoque proche parent des
« streptocoques mieux étudiés de la suppuration et de
« l'érysipèle, nous pouvons au moins affirmer la fré-
« quence de la coexistence de ces divers agents infec-
« tieux. »

Ainsi, M. le professeur Jaccoud, sans vouloir rien préjuger de la question et des conclusions que l'on en tirera plus tard, pose le problème assez nettement.

B. — État de la question.

Depuis, Fiessinger a publié dans la *Semaine médicale* un article sur les érythèmes scarlatinoïdes (2). D'après cet

______

(1) *Gaz. des hôpitaux*, 18 juin 1891.
(2) FIESSINGER. Les scarlatinoïdes. *Rev. générale, Sem. méd.*, 1893.

auteur, il n'y a aucune raison de séparer la scarlatine des érythèmes infectieux scarlatinoïdes. On les voit survenir au cours d'une maladie infectieuse. Ils sont caractérisés par une éruption rouge, piquetée de points plus foncés. Elles s'accompagnent d'angine avec plaques diphtéroïdes. Les urines sont albumineuses. La température est élevée. Souvent, sans doute, la desquamation se fait de bonne heure, mais le même fait se passe dans certaines scarlatines.

Si la clinique est impuissante à faire le diagnostic, la bactériologie pour Fiessinger ne serait pas plus heureuse. Dans nombre d'érythèmes scarlatinoïdes on rencontre, comme dans la scarlatine, le streptocoque. MM. Jeanselme (1) et Hutinel (2), à propos des récidives de la scarlatine, attribuent la première éruption au microbe mal connu de la scarlatine, et la deuxième au streptocoque.

M. Bergé (3), dans une communication faite à la Société de biologie, arrive aux mêmes conclusions que Fiessinger.

La scarlatine est une maladie locale due au streptocoque.

Parmi les principaux arguments invoqués par l'auteur, nous rappellerons :

La présence constante du streptocoque dans la gorge des scarlatineux.

(1) JEANSELME. Étude sur les fausses rechutes, les rechutes et les récidives de la scarlatine. *Arch. gén. de méd.*, juin, juillet 1892.

(2) HUTINEL. Note sur quelques érythèmes infectieux. *Arch. gén. de méd.*, septembre, octobre 1892.

(3) A. BERGÉ. *Communicat. Soc. biologie*, 16 décembre 1893.

La succession de l'éruption à l'angine.

La nature streptococcique des complications de la scarlatine.

M. Bergé réfute les objections que l'on pourrait lui faire en se basant sur l'immunité conférée par la scarlatine, sur la contagion par les squames, sur la banalité de l'agent infectieux. Pour l'auteur, les variations de virulence du streptocoque rendent compte de la variabilité de la scarlatine et de ses épidémies. La contagion par les squames s'explique comme la contagion par les vêtements et autres objets souillés.

C. — Remarques.

Qu'il nous soit permis de faire à ce sujet quelques réflexions dont les unes viendront à l'appui de la thèse soutenue par M. Bergé et dont les autres, au contraire, montreront que, selon nous, il y a des arguments de valeur qui, jusqu'à nouvel ordre, rendent difficiles l'identification de la scarlatine et des érythèmes infectieux scarlatinoïdes.

La présence constante du streptocoque dans la gorge des scarlatineux est un fait reconnu de tous. C'est également le streptocoque qui se rencontre dans les complications. A différentes reprises nous avons vu, dans le service de M. le Dr Legroux, des suppurations des ganglions cervicaux, au cours de scarlatines graves. Dans tous les cas qui ont été examinés devant nous, on a trouvé le streptocoque.

Pendant notre séjour à Trousseau, nous avons vu succomber trois enfants au cours de la scarlatine et pendant la période éruptive. Dans les trois cas, on retrouva, dans le sang du cœur et de la rate, le streptocoque.

Il semble que le streptocoque, se répandant dans l'organisme, y cause l'infection générale qui tue dans la scarlatine.

On peut encore, il nous semble, faire valoir en faveur de l'unité des microbes et de l'identification des érythèmes scarlatinoïdes et de la scarlatine, les cas de scarlatine ou d'érythèmes que l'on observe pendant la diphtérie et qui s'accompagnent de la présence du streptocoque dans la gorge, associé au bacille de Lœffler.

OBSERVATION V (personnelle). — *Angine diphtérique avec association du streptocoque. Érythème scarlatinoïde. Mort. Streptocoque dans le sang du cœur et de la rate.*

Alexandre B..., 6 ans, entre au pavillon Bretonneau (service de M. Legroux), le 10 mars 1893.

Il y a deux jours qu'il est malade.

Les deux amygdales sont recouvertes d'une fausse membrane épaisse. La luette est englobée.

L'état général est mauvais. Cou gros.

Pas de croup, albumine légère. T. 39°.

L'examen direct d'une parcelle de membrane fait voir l'association du bacille de Lœffler et du streptocoque.

11 mars. Les fausses membranes sont toujours aussi épaisses. État général mauvais. Température reste élevée.

Les cultures sur sérum ont donné les colonies caractéristiques de Lœffler.

Le 12. La surveillante, quand nous arrivons le matin dans la salle, nous conduit au lit du petit malade en nous disant qu'il a la scarlatine.

Le cou est, en effet, couvert d'une éruption rouge avec piqueté plus foncé. La face est complètement rouge.

Il n'est pas possible de porter un diagnostic autre que celui de scarlatine.

La langue est restée couverte d'une peau blanche.

Les 13 et 14. État sensiblement stationnaire.

Les 15. Température se maintient au-dessus de 39°.

Langue est encore blanche, mais moins que les jours précédents.

Enfant très faible. Pouls petit, rapide.

Vomissement dans le courant de la journée.

Mort dans la soirée.

L'on constate à l'autopsie que la face a pris une teinte jaunâtre.

La rate est grosse.

Le sang du cœur et de la rate donna sur gélose des colonies de streptocoques.

Avons-nous eu affaire dans ce cas à une scarlatine ou à un rash scarlatiniforme? La question nous paraît impossible à résoudre. Bourges, dans sa thèse, se montre hésitant dans un cas un peu analogue mais terminé par la guérison. Pour lui le diagnostic reste hésitant jusqu'à ce que la langue se soit dépouillée ou que la desquamation soit devenue caractéristique.

Une angine pseudo-membraneuse précoce avec éruption tardive, ou une angine diphtérique avec rash scarlatiniforme, peuvent présenter une ressemblance assez frappante pour que le diagnostic reste hésitant. La température ne nous a pas paru fournir dans ces cas un élément sérieux de diagnostic.

Mussy (1) dans sa thèse s'exprime différemment. Tout en admettant l'analogie qui existe, au point de vue de l'éruption, entre l'érythème scarlatinoïde de la diphtérie et la scarlatine, il ajoute qu'il est facile de faire la différenciation pour peu qu'on ait assisté à l'éruption.

« Si l'on a affaire à un érythème initial, le début fébrile caractéristique, l'aspect de la gorge et de la langue, l'exanthème naissant au bout de 24 heures, d'abord soit à la face, soit au tronc pour se généraliser ensuite rapidement, ne permettront aucune confusion.

« Si l'on a affaire à un érythème tardif, le diagnostic sera souvent plus difficile, les scarlatines secondaires étant souvent anormales comme marche et comme symptômes. »

La réserve formulée dans la dernière phrase est certainement prudente et l'un des trois cas que nous avons bien observés à Trousseau était précisément constitué par une éruption scarlatineuse, peu franche, dans laquelle la desquamation de la langue observée au cinquième jour de l'éruption nous avait seulement permis de poser le diagnostic.

Voici d'ailleurs l'observation.

OBSERVATION VI (personnelle). — *Angine diphtérique avec streptocoque. Croup opéré. Deux jours après (huitième jour de maladie), apparition d'un érythème scarlatiniforme. Guérison.*

Jeanne D..., 5 ans et demi. L'enfant entre au pavillon Bretonneau, service de M. Legroux, le 15 mars 1893.

(1) J. MUSSY. Contribution à l'étude des érythèmes infectieux. Th. Paris, 1892.

Elle était souffrante, dit la mère, depuis une huitaine de jours. Ne mangeait pas, se plaignait souvent de la tête et toussait un peu. On l'avait purgée, mais elle n'avait pas ressenti d'amélioration bien marquée à la suite. Deux jours avant son entrée l'enfant s'est plaint de la gorge. Sa mère l'a conduite au dispensaire et on lui a donné un collutoire.

Le lendemain l'enfant était plus souffrante et la mère s'est décidée à l'amener à Trousseau.

Le 15 mars on constate :

Amygdales gonflées. L'amygdale gauche est parsemée de points isolés les uns des autres et rappelait au premier examen l'aspect d'une angine cryptique. L'autre amygdale présente une petite membrane recouvrant son tiers inférieur. Étant donnés l'état de l'enfant et la marche insidieuse de son affection, on place l'enfant au pavillon « des douteux ».

Une culture sur sérum faite immédiatement donna des colonies de bacille de Lœffler et de streptocoque.

L'enfant fut passée au pavillon des diphtériques le lendemain.

Le 16. Les points qui étaient isolés sur l'amygdale gauche se sont réunis et forment une fausse membrane continue.

La luette commence à se prendre.

La voix est couverte.

Ganglions peu nombreux.

Le 17. Tirage très fort qui nécessite la trachéotomie.

Les suites de l'opération étaient régulières, quand le 19 apparaît un érythème scarlatinoïde.

L'éruption est généralisée mais n'a pas la rougeur franche de la scarlatine.

La température est restée toujours entre 38 et 39° et il n'y a pas eu d'élévation manifeste au moment où l'érythème s'est produit.

La gorge complètement détergée depuis l'opération de la trachéotomie est rouge.

La langue est blanche.

Le 24. La langue avait perdu son enduit blanchâtre et présentait un aspect rouge assez caractéristique.

L'éruption ne s'est pas accentuée et il existe maintenant une légère desquamation sur tout le corps.

A aucun moment nous n'avons vu se détacher de vastes lambeaux d'épiderme.

Telle est l'observation. Nous pensons qu'il s'agit d'une scarlatine. Mais nous reconnaissons qu'il serait très difficile d'être absolument affirmatif. L'absence d'élévation de la température, le peu d'intensité de l'éruption, les caractères en quelque sorte abortifs de la desquamation, nous font une loi de rester sur la réserve. Nous ferons seulement remarquer que dans ce cas il y avait association du bacille diphtérique et du streptocoque.

L'observation suivante, recueillie également à l'hôpital Trousseau, est comparable à la précédente.

OBSERVATION VII (personnelle). — *Angine diphtérique avec streptocoque. Rash scarlatiniforme. Guérison.*

Louis G..., âgé de 3 ans, entre le 3 février au pavillon Bretonneau, service de M. Legroux.

L'enfant est malade depuis trois jours.

3 février 1893. Amygdales grosses, rouges, avec exsudat blanc sur l'amygdale droite.

La luette présente, à la base, une petite plaque blanche qui a fait admettre l'enfant directement au pavillon d'isolement. (L'examen direct et la culture démontrèrent la présence de l'association microbienne du bacille diphtérique et du streptocoque.)

Léger jetage par le nez. Pas de croup.

Ganglions peu volumineux.

Température. Matin, 38°,4. Soir, 39°.

Les 4 et 5. Rien de particulier.

L'angine évolue dans des conditions satisfaisantes et est maintenant très atténuée.

Le 6. Au matin, éruption scarlatiniforme peu intense.

La température était restée stationnaire les jours précédents.

L'enfant ne paraît pas, d'ailleurs, plus malade.

La langue est blanche.

Le 8. Éruption s'efface et il y a une légère desquamation. La langue s'est en partie dépouillée de son enduit blanchâtre.

La gorge est à peu près guérie.

Dans cette observation encore nous avons relevé l'association microbienne.

Nous publions maintenant une observation empruntée à la thèse de Bourges et qui est intéressante, car elle présente, d'après l'auteur, la succession d'une scarlatine véritable à un exanthème scarlatiniforme.

OBSERVATION VIII (tirée de la thèse de BOURGES). — *Angine diphtérique. Rash scarlatiniforme. Scarlatine. Guérison.*

Georges P..., âgé de 4 ans, entre le 16 novembre au pavillon de la diphtérie, service de M. Legroux.

Mal de gorge depuis 3 jours.

16 novembre. Angine. Grosses amygdales rouges.

Léger exsudat blanc sur l'amygdale gauche, fausse membrane épaisse en arrière d'elle sur le pharynx.

Adénopathie sous-maxillaire bilatérale.

Pas de jetage nasal. T. matin, 38°,6. Soir, 39°,8.

Le 17. On constate une éruption scarlatiniforme généralisée.

On place l'enfant dans la salle des diphtéries avec scarlatine.

Les fausses membranes s'enlèvent très facilement. T. matin, 38°,4. Soir, 38°,8.

Le 18. Même état. T. matin, 38°,7. Soir, 38°,2.

Le 19. T. matin, 38°. Soir, 38°,4.

Le 20. T. matin, 37°,8. Soir, 38°,8.

Le 21. Même état, l'éruption est effacée.

Le 25. Plus rien dans la gorge.

Le 27. État stationnaire

Le 28. Les fausses membranes ont apparu de nouveau, faciles à enlever, mais se reproduisant très vite.

Voix claire. Pas de jetage nasal.

Le 29. État stationnaire.

3 décembre. La gorge semble en meilleur état.

Lèvres sèches, fendillées. Teint pâle.

Le 6. Pâleur. Amaigrissement. L'état de la gorge s'améliore. Pas d'albuminurie.

Le 10. Éruption de scarlatine généralisée, bien caractérisée.

Le 13. Éruption complètement effacée. Léger point blanc en haut de l'amygdale droite.

Le 15. Angine guérie. Desquamation caractéristique.

Cet enfant, comme le fait remarquer Bourges, contracta une scarlatine véritable 22 jours après avoir eu un rash scarlatiniforme.

Ainsi, d'après nos observations, la conclusion qui se présente tout naturellement à l'esprit est que :

D'une part, le diagnostic de l'éruption reste souvent hésitant entre érythème et scarlatine véritable.

D'autre part, il y avait toujours association microbienne et présence du streptocoque dans les cas que nous avons observés.

Dans sa thèse, Mussy, au chapitre de la pathogénie des érythèmes infectieux de la diphtérie, aboutit aux mêmes constatations.

« Dans les cas de diphtérie, nous croyons que le

streptocoque doit être incriminé et nous nous appuyons sur les résultats bactériologiques que nous avons indiqués.

« Dans les cas de bacille de Klebs existant seul nous n'avons trouvé qu'un seul exemple d'érythème.

« Dans d'autres observations, nous avons constaté l'association du bacille de Klebs avec le streptocoque. Enfin, dans un certain nombre de faits encore plus probants, nous avons constaté, soit la présence du streptocoque seul pendant l'évolution de la maladie et de l'érythème, soit, fait encore plus convaincant, le streptocoque ı vé seul au moment de la production de l'éruption angine pseudo-membraneuse dans laquelle le bacille de Lœffler avait été trouvé au début. »

Tels sont, croyons-nous, les principaux arguments que l'on peut faire valoir en faveur de cette thèse. Quelque séduisante qu'elle puisse paraître, et tout en nous gardant bien de prendre part dans un débat aussi délicat, nous dirons que nous ne pouvons nous rallier pour le moment à cette opinion. En voici les raisons principales.

L'immunité que crée la scarlatine n'est pas discutable. Les récidives n'existent guère.

Les affections à streptocoque, au contraire, loin de créer l'immunité, paraissent prédisposer le terrain pour de nouvelles atteintes. Quoi de plus suggestif à ce sujet que l'érysipèle récidivant.

La scarlatine est une maladie bien spéciale et qui est contagieuse. Or, nous ne sachons pas que l'on ait jamais dit qu'un érythème infectieux ait été le point de départ d'un cas de contagion.

Il nous semble donc prudent de rester sur la réserve jusqu'au jour où le microbe de la scarlatine étant isolé, on aura reproduit sur l'animal une affection à cycle bien déterminé avec éruption et desquamation semblables à celles que l'on observe dans la scarlatine.

La seule chose que l'on puisse, nous semble-t-il, affirmer, c'est que le streptocoque joue un grand rôle dans toute l'histoire de la scarlatine. Son degré de virulence fait peut-être la bénignité ou la gravité de la scarlatine. Il est également possible qu'il agisse dans la scarlatine par une sorte d'action de présence et qu'il soit indispensable pour que le germe scarlatineux, quel qu'il soit, puisse se développer et produire la maladie.

Ce rôle du streptocoque dans la scarlatine, sa localisation à un point de l'économie où les agents thérapeutiques peuvent l'atteindre, nous conduisent tout naturellement à nous occuper du traitement local de cette affection. Si le streptocoque fait la gravité de la scarlatine, il y aura grand intérêt à atténuer sa virulence et l'on pourra peut-être ainsi diminuer la gravité de la scarlatine, empêcher certaines complications ou atténuer leurs effets.

CHAPITRE VI

Traitement.

Les traitements les plus variés ont été préconisés.

Récemment encore, A. Jacobi communiquait à la Société de médecine de New-York un long exposé des procédés thérapeutiques qu'il mettait en usage dans ces cas.

Pour Jacobi, le traitement doit varier suivant que l'on a affaire à des cas légers ou à des cas graves.

Dans les cas légers, il se contente de peu de chose: Il recommande l'aération et une température constante. Le régime alimentaire doit être léger.

Il donne le calomel contre les auto-intoxications et recommande les onctions avec des substances grasses. Enfin, il recommande de faire garder le lit longtemps, afin d'éviter les complications rénales.

Quand la température s'élève, il donne les bains chauds, l'alcool.

Il s'abstient des antithermiques qui ont une action déprimante comme l'antipyrine, et a plutôt recours à l'acétanilide et à la phénacétine. Il repousse la quinine à cause des troubles gastriques.

Dans les cas graves, la complication principale est l'affection pharyngienne.

Pour l'auteur, l'angine scarlatineuse ne doit pas être traitée par les applications médicales locales qui facilement détruisent l'épithélium. Il se contente d'injections nasales avec solutions faibles d'acide borique ou de sublimé.

S'il survient des abcès, il faut faire une incision précoce avec, dit-il, un curage pour enlever les tissus mortifiés. On tamponne ensuite la cavité avec de la gaze salicylée. On rejettera l'iodoforme à cause des intoxications et la gaze phéniquée, parce qu'elle produit la coagulation des liquides organiques avec lesquels elle est en contact.

Dans cet exposé de traitement de la scarlatine, il y a sans doute plusieurs points qui ne s'accordent guère avec ce que nous voyons chaque jour appliquer dans les services hospitaliers par nos maîtres, médecins des hôpitaux.

C'est ainsi que nous trouvons un peu exagérée la réserve du médecin vis-à-vis des antiseptiques de la bouche. Sans doute, il ne faut pas faire dans la gorge, pas plus que dans une autre région, une antisepsie trop forte qui risquerait, en tuant les microbes, d'amener une nécrobiose trop profonde des tissus. L'on créerait ainsi un terrain de culture excellent pour le développement ultérieur des microbes qui échappent fatalement aux antiseptiques introduits dans la gorge. Qu'il nous soit permis même de faire, à ce sujet, une petite digression et de rappeler les belles et concluantes expériences d'Achalme sur le streptocoque. Étant donné un streptocoque peu virulent produisant sur le lapin une simple rougeur érythémateuse, Achalme eut l'idée de lui associer des produits capables de tuer les cellules, et de créer ainsi un terrain nécrobiosé, où le microbe évoluerait ensuite. Il constata dès lors que le seul fait de la mort du tissu exagérait d'une manière considérable la virulence du microbe, et que ce streptocoque relativement bénin devenait alors terrible et pouvait produire l'infection purulente.

Dans ces conditions, il faut être réservé sur le choix des antiseptiques.

Mais si l'excès serait mauvais, l'absence serait encore plus funeste, pensons-nous.

Dans le cas d'angine la preuve est faite depuis longtemps. Il ne faut pas hésiter à employer des antiseptiques sérieux.

Voici, d'ailleurs, quelle était la méthode suivie à Trousseau, au pavillon d'isolement :

Dès que l'enfant était arrivé au pavillon et que les cultures de la gorge avaient été prélevées, on commençait immédiatement les injections pharyngées et nasales.

On se servait d'un irrigateur ordinaire ou simplement d'un bock, que l'on maintenait à une certaine hauteur. L'enfant était placé sur les genoux de l'infirmière et on inclinait la tête en bas. Le jet, toujours assez fort, était dirigé alors de bas en haut et frappait la paroi postérieure du pharynx.

De cette manière le liquide ressortait facilement de la bouche et n'était absorbé qu'en minime quantité.

On lavait également les fosses nasales.

Les liquides employés ont toujours beaucoup varié.

Dans ces derniers temps l'on se servait des solutions

.en usage au pavillon de la diphtérie. C'était donc l'eau phéniquée au centième qui était employée.

Hâtons-nous de dire que jamais nous n'avons constaté d'intoxication phéniquée.

Les injections étaient renouvelées trois fois par jour dans les cas d'angines graves.

Après l'injection la surveillante examine la gorge de l'enfant. S'il s'agit d'une angine grave et qu'il y ait des fausses membranes elle enlève, en ayant soin de ne pas trop frotter, les fausses membranes qui se détachent facilement, en passant du coton sec monté sur une pince. On recommande toujours de ne pas faire saigner.

L'injection qui a été faite préalablement a fait tomber les mucosités qui s'étaient déposées sur les amygdales et permet de juger plus facilement s'il est besoin d'employer le coton monté sur la pince.

Cette opération terminée, on fait une nouvelle injection et l'on peut appliquer un topique.

Il est bien entendu que l'énergie du médicament que l'on emploiera, devra être proportionnée à l'intensité de l'angine. Mais, pour peu que l'on ait quelques craintes et que l'angine prenne l'aspect des angines à fausses membranes, il faut aussitôt être énergique.

Nous rappellerons, pour mémoire, le liniment dont M. Gaucher fut le promoteur et qui fut surtout employé contre l'angine diphtérique. Il est ainsi formulé :

Camphre	20 gr.
Huile de ricin	15 —
Alcool à 90°	10 —
Phénol absolu	5 —
Acide tartrique	1 —

On se sert, pour l'application, d'un écouvillon de coton hydrophile monté sur une longue pince à forcipressure ou, plus simplement, attaché sur une petite tige d'osier. Avant l'application on a soin de bien égoutter le coton pour ne pas s'exposer à laisser tomber dans les voies respiratoires quelques gouttes de ce liquide.

M. Gaucher fait suivre cette application d'une injection que l'on pratique 10 minutes plus tard.

Ce topique est très douloureux et on lui préfère généralement l'acide sulforicinique dont la puissance antiseptique est aussi grande et qui a l'immense avantage de ne pas produire de sensation de brûlure comme le liniment de M. Gaucher.

Le phénol sulforiciné s'emploie dans la proportion de 20 à 30 p. 100.

Le phénol sulforiciné a été préconisé d'une manière toute particulière par M. le professeur Grancher (1) dans une leçon clinique faite à l'hôpital des Enfants.

Le pétrole, autrefois employé et récemment remis en honneur dans les hôpitaux de Rouen, a été également employé à Trousseau. Il peut, jusqu'à un certain point, remplacer en cas d'urgence les autres antiseptiques, mais les essais faits dans les pavillons de Trousseau sont loin de lui conférer une place d'honneur parmi les topiques à employer dans les angines graves.

Nous arrivons enfin à un topique qui a été employé pendant toute l'année 1893 à l'hôpital Trousseau, aussi bien au pavillon de la diphtérie qu'au pavillon des scar-

---

(1) GRANCHER. Traitement de la diphtérie. *Journal de médecine et de chirurgie pratiques*, 1891, p. 723.

latineux. Nous voulons parler du stérésol dont la formule est due à M. Berlioz, de Grenoble. Le stérésol se compose essentiellement d'acide phénique dissous dans une solution alcoolique de gomme laque dans la proportion de 10 p. 100. Des communications ont été faites par notre maître, M. Legroux, à la Société médicale des hôpitaux. Le stérésol comme antiseptique a la même valeur que les autres topiques du même genre. Il a sur eux l'avantage de rester plus longtemps au contact des muqueuses.

Lorsqu'il est appliqué, il forme à la surface des amygdales et du pharynx une petite couche jaunâtre, que l'on voit persister pendant plus d'une heure. Nous ajouterons que son application n'est point douloureuse.

Voici la formule donnée par M. le Dr Berlioz :

STÉRÉSOL

Gomme laque................	135	gr.
Benjoin.....................	5	»
Tolu........................	25	»
Essence de cannelle..........	3	»
Acide phénique..............	50	»
Alcool à 90°.................	q. s. pour 500 gr.	

M. Legroux qui a pu suivre de près les effets du stérésol dans différents cas d'angines, se montre très favorable à l'emploi de ce topique. Dans aucun cas, nous n'avons constaté d'intoxication phéniquée.

Résumé. — Voici donc, en résumé, le traitement de l'angine scarlatineuse que nous considérons comme rationnel :

1° Lavage de la gorge avec la solution phéniquée au 1/100.

2° Lavage des fosses nasales.

3° Ablation des fausses membranes, s'il y a lieu, avec l'écouvillon.

4° Application du topique.

Ce traitement sera répété trois fois par jour dans les cas sérieux.

Nous avons à dessein omis de parler d'un topique, qui était récemment employé à Trousseau et sur lequel une publication sera faite prochainement.

Nous voulons parler d'un collutoire au sublimé. Le sublimé est dissous dans la glycérine dans la proportion énorme de 1 gr. pour 20 ou 30 gr. Mis entre des mains habiles, ce topique paraît donner de beaux résultats dans les angines hypertoxiques de la diphtérie. Il deviendrait très dangereux s'il était manié par des personnes inexpérimentées et, pour le moment, il est prudent de n'en pas conseiller l'emploi en dehors des milieux hospitaliers où le médecin est secondé par un personnel d'élite.

CONCLUSIONS

La scarlatine pharyngée est caractérisée au point de vue bactériologique par la présence constante du streptocoque.

Cet agent microbien se retrouve constamment dans les infections secondaires. Parmi ces infections, il en est qui se localisent sur les organes voisins : fosses nasales, conjonctives et sur les différentes parties de l'appareil auditif (oreille moyenne, oreille interne). Ces dernières sont particulièrement remarquables par leur durée, leur gravité et leur fréquence. On les retrouve dans la scarlatine plus souvent que dans la rougeole et la diphtérie.

Très rarement il y a infection secondaire sur la muqueuse buccale, linguale et labiale. Le début pharyngien de la scarlatine, la présence du streptocoque dans l'angine et dans les manifestations secondaires de l'affection, ont fait penser à quelques auteurs que la scarlatine n'était autre chose qu'une maladie locale et que l'éruption n'était qu'un phénomène accessoire, comparable aux érythèmes infectieux.

L'identité de la scarlatine et des érythèmes infectieux ne nous paraît pas devoir être maintenue, car :

1° L'on n'a pas encore reproduit la scarlatine expérimentalement.

2° Les affections à streptocoques ne créent pas l'immunité, alors que la scarlatine ne récidive à peu près jamais.

Le streptocoque exerce peut-être une action de présence indispensable pour que l'agent spécifique de la scarlatine, quel qu'il soit, puisse agir et produire la fièvre scarlatine.

La scarlatine étant d'abord limitée au pharynx, et se caractérisant par la présence constante du streptocoque virulent que l'on retrouve dans les infections secondaires, il semble logique d'appliquer dès le début un traitement local énergique.

BIBLIOGRAPHIE

Achalme. — *Histoire naturelle du streptocoque*. Th. Paris, 1893.

H. Barbier. — Sur un streptocoque particulier trouvé dans les angines à fausses membranes seul ou associé au bacille diphté-rique. *Arch. de méd. expérimentale*, 1892, p. 828.

Bendel. — *Wiener medical Presse*, n° 23.

Bergé. — *Société de Biologie.* (Comm. 16 décembre 1893.)

Bernardbeig. — Thèse Paris, 1894.

Bezold. — *Gesamtbericht über die in 1881-1883 inclusiv. behandelten Krankheiten.*

Berlioz. — *Poitou médical*, 1893.

Blau. — *Arch. für Ohrenheilkunde*, Bd. XVII.

Bourges. — *Les angines de la scarlatine.* Th. Paris, 1891.

Bretonneau. — *Mémoire lu à l'Acad. de médecine*, 1821.

Cornil et **Babès.** — *Les bactéries*, 1885.

M. Dowson. — Pathogénie de la scarlatine. *Pathological Society of London*, 21 novembre 1893.

Fiessinger. — Les scarlatinoïdes. Rev. générale. *Sem. méd.*, 1893.

Gestat. — *Stomatite pseudo-membraneuse au cours de la scarlatine.* Th. Paris, 1893.

A. Goubeau. — Traitement de l'angine diphtérique par le sublimé en solution dans la glycérine. *Mercredi médical*, 1894.

Grancher. — Traitement de la diphtérie. *Journ. de méd. et de chir. prat.*, 1891, p. 723.

Hutinel. — Note sur quelques érythèmes infectieux. *Arch. générales de médecine*, septembre, octobre, 1892.

Hessler. — *Arch. für Ohrenheilkunde.* Bd. XVIII.

Jaccoud. — Scarlatine et érysipèle. *Gaz. des hôp.*, 18 juin 1891.

Jackson. — *British med. Journal*, 1869.

Jeanselme. — Étude sur les fausses rechutes, les rechutes et les récidives de la scarlatine. *Arch. gén. de médecine*, juin, juillet 1892.

Kirchner. — *Arch. für Ohrenheilkunde.* Bd. XXVI.

Koppe et **Schwartze.** — *Archiv für Ohrenheilkunde.* Bd. V.

Legroux. — *Comm. Soc. méd. des hôp.*, 1893.

Laboulbène. — *Traité clinique et anatomique des affections pseudo-membraneuses*, 1861.

Marfan. — Clin. hôpital des Enfants-Malades. *Bulletin méd.*, 1894, p. 479.

Louis Martin. — *Annales de l'Institut Pasteur*, 1893.

Mussy. — *Les érythèmes infectieux.* Th. Paris, 1892.

Moos. — *Klinik der Ohrenkrankheiten.*

Odent. — *Les angines pseudo-membraneuses au cours de la scarlatine.* Th. Paris, 1887.

Richardière et **Perron.** — Forme osseuse de rhumatisme scarlatin. *Soc. méd. des hôpitaux*, 1893.

Rilliet et **Barthez.** — *Traité des maladies des enfants.*

Roosa et **Emerson.** — *Arch. für Ohrenheilkunde*, Bd. XXIII.

Roux et **Yersin.** — *Annales de l'Institut Pasteur*, 1891.

Shaw. — *Transaction of the pathological Society of London.* Band VII.

Sallard. — *Les amygdalites aiguës.* Bibl. Charcot-Debove.

Trousseau. — *Clinique de l'Hôtel-Dieu*, 1877, t. I.

Wreden. — *Monatschrift f. Ohrenheilk.*, II, no 10.

Wurtz et **Bourges.** — *Archives de médecine expérimentale*, mai 1890.

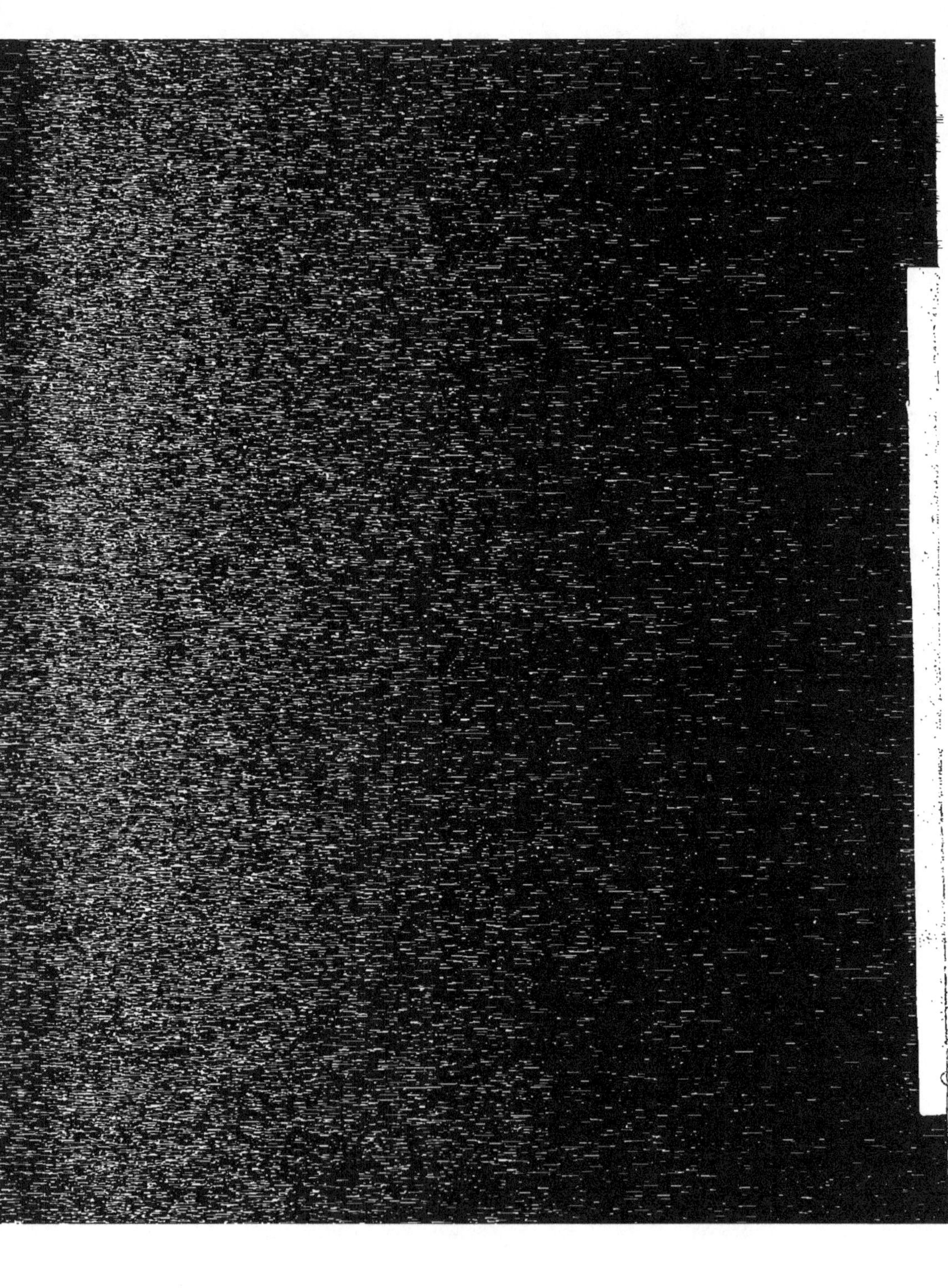